ISBN-13: 978-1530484355

ISBN-10: 1530484359

I0468806

O Sucesso sem Mistificação

O maior sucesso é o que você deseja!

Jb.campos

Antes de iniciarmos a nossa escrita, queremos dizer que, no término deste livro tem um capítulo especial para o sucesso.

Nesta obra de auto-ajuda, vamos falar sobre as várias vertentes do sucesso, criadas pelos estudiosos, que num resumo, dá-se pela psicologia prática, no campo do carisma, ou da empatia humana, ou pelo sistema neural de programação social...

A terminologia é imensa ao se tratar deste assunto tão importante na nossa vida familiar, social, profissional...

- O que é sucesso?

Existe sucesso para todos os gostos, e depende da escala de valores de cada pessoa.

Porém, como aqui o título desta obra já vem com os cifrões, indicando o sucesso financeiro, não podemos esconder os bens que o dinheiro pode proporcionar quando racionalmente utilizado.

O sucesso ao criminoso pode ser o (falso sucesso) de um crime "bem-sucedido", como no caso do crime de colarinho branco...

Se você tiver um enorme sucesso financeiro, porém, não souber o que fazer com tanta grana, aí já o seu sucesso não é tão profícuo como se haveria de esperar, ou melhor seria um sucesso nefasto, pois, haverá de prestar conta de seus atos, e dinheiro, pela lógica divina, foi feito para ser aproveitado inteligentemente...

Jamais seja perdulário, porém, use o seu dinheiro de maneira confortável, e desprendida, porém, comedida e com o bom-senso, posto que ganhar é muito mais difícil do que gastar, e isto é até redundante e óbvio...

Em todos os nossos estudos aqui pautados temos de dar preferência ao ser humano, ou melhor, a você, amigo leitor:

Mude a si mesmo

Esta pauta é: a de maior importância, pois, não terá muito sucesso em querer mudar a vida, sem mudar a si próprio!

A vida, e mundo estão aí, como são, e ponto.

Você não pode fazer muito por eles, sem primeiro mudar sua maneira de agir, de ser, de se conduzir, posto que você seja um espelho que irá refletir as atitudes do seu semelhante, e para refletir boa impressão terá de aprender assimilar, e transformar os erros do seu contato em acertos, ou seja: se alguém lhe emanar alguma ofensa, você deve transformar essa maldade em ato de amor, então estará mudando, revertendo o mal em bem, o que vai fazer a grande diferença de antipatia à empatia.

É muito inteligente para o seu sucesso, quando não há revide, veja o que o ser iluminado: Jesus, o Cristo falou, sendo ratificado pelo grande apóstolo Paulo, quando escreveu aos romanos.

Lucas: 6

27 Mas a vós que ouvis, digo: Amai a [vossos inimigos], fazei bem aos que vos odeiam,

Romanos: 12

21 Não te deixes vencer do mal, mas vence o [mal com o bem].

Agir com amor, nada mais é que tirar a arma da mão do seu inimigo.

E, ao ter o seu inimigo desarmado, com certeza terá ganho a luta.

Essa história de puxar o tapete do seu colega de trabalho, através de fofocas e mexericos, é desonesto, e vai atiçar a indignidade de seu oponente, é mais sábio deixá-lo sob a égide do amor.

Não vamos exagerar nesse amor, pois, amar implica em profunda sabedoria, note que o pai fustiga o filho que ama.

Veja o que diz Paulo em sua carta aos:

Colossenses: 3

14 E, sobre tudo isto, revestí-vos do amor, que é o [vínculo] da perfeição.

Não banque o cordeirinho, que está sendo levado ao matadouro, reaja com dignidade, porém, com muita calma, que é proveniente do amor.

Provérbios: 23

13 Não retires da criança a disciplina; porque, [fustiga]ndo-a tu com a vara, nem por isso morrerá.

14 Tu a [fustiga]rás com a vara e livrarás a sua alma do Seol.

- E, se você for religioso, e contra a vara, que tal o azorrague, ou o relho?

João: 2

15 e tendo feito um [azorrague] de cordas, lançou todos fora do templo, bem como as ovelhas e os bois; e espalhou o dinheiro dos cambistas, e virou-lhes as mesas;

Esta foi a atitude do ser mais amorável que por aqui apareceu, e para nos salvar, Jesus, o Cristo.

- Jamais confunda humildade com humilhação, tampouco se esqueça: você é um guerreiro da vida!

"Um quadro fala por mil palavras" – neste provérbio podemos entender que o seu exemplo sempre vai falar mais alto, posto que:

"O cipó acompanha o pau"

"Filho de peixe, peixinho é"

Naõ se esqueça: primeiro muda-se as partes para depois mudar o todo!

Você sempre encontrará uma barreira no seu caminho, e isto é válido para todos nós, que viemos parar aqui no planeta Terra, para afinar o nosso aprendizado, pois, esta vida não passa de mais uma escola na eternidade, embora, você possa pensar o contrário, o que nós respeitamos plenamente.

Permita-me falar na primeira pessoa: como escritor, sou pesquisador de assuntos extra-sensoriais.

Tenho-me dedicado por longos anos à meditação profunda de autoprospecção, para depois, fazê-lo com meus semelhantes através de técnicas da metafísica, através de RM – Regressão de Memória e TVP – Terapia de Vida Passada, ou mesmo pela PNL – Programação neurolingüística, das quais falaremos posteriormente.

Vamos citar aqui um exemplo que a mim me é real, verdadeiro do ponto de vista fenomênico, alguém levado a uma de suas vidas pregressas, assinou seu nome em estado letárgico como personagem daquela respectiva vida passada.

Ao se verificar a assinatura de tal personagem com a do induzido, notou-se grande semelhança naquelas rubricas.

Um simples exemplo de um fenômeno de RM Regressão de Memória de Vidas Passadas.

E, se fosse relatar fatos de psicopirogenia, (fogo espontâneo) – telecinergia – telepatia –psicografia –psicofonia... teríamos matéria pra mais de metro, a bem da verdade estou, ou estamos tratando de forças mentais humanas para que cheguemos ao sucesso sem mistificação, porém, há milagre que, ninguém pode explicar, como o milagre do seu próprio nascimento, e você há de concordar comigo, foi algo misterioso e poderoso, quando se sabe que uma frágil criança pode resistir tantas vicissitudes do seu nascimento ao seu crescimento e vida plena, após concorrer à uma vaga no vestibular da vida com mais de 300.000.000 – trezentos milhões de espermatozóides, então alegre-se, meu irmão, você por si só já é vitorioso, você é o próprio sucesso desmistificado!

A nossa existência é subjetiva, e temos de aceitá-la assim, até porque faz parte da criatividade, tirando-nos da monotonia.

Se, existe algum mistério no seu sucesso, começa lá no seu nascimento...

Na atualidade moderna, existem tantos verbetes para se tratar do sucesso, vamos citar alguns deles:

PNL – Programação Neurolingüística

É uma ciência que estuda o mecanismo da mente humana desde o momento em que se capta os acontecimentos do meio ambiente, como se registra essas informações, como se processa e as coloca para fora, ou exterioriza-a em forma de atitude, e como todo esse mecanismo interfere na vida de uma comunidade.

Como somos mutáveis, os estudiosos do assunto supuseram, obviamente em tese, algumas estratégias mentais, envolvendo os neurônios cerebrais com a fala, uma interligação do pensamento exposto, ou seja: pensado e verbalizado.

Veja, amigo leitor, tudo que se relaciona ao sucesso financeiro-econômico diz respeito à comunicação, ou a interatividade entre os homens e, isto se dá normalmente pelo pensamento e pela fala...

Há uns trinta anos, mais ou menos, alguns americanos estudaram, através de amostragens comparativas sobre aquilo que o ser humano pensa, antes e depois da ação.

Ou seja: estuda o comportamento humano conforme vai captando as informações do seu meio ambiente.

E nesse comportamento insere-se de tudo, desde a sua educação familiar, escolar, profissional, de onde advém a formação de sua personalidade.

A PNL (Programação Neuro Lingüística) foi motivo de estudo observatório, por alguns americanos: "Richard Bandler, John Grinder, Robert Dilts, Todd Epstein, Judith DeLozier, Steve Andreas", entre outros.

Em outras palavras, há milênios já se fazia exa-tamente isso, a diferença está no mundo moderno e alucinado pelo qual estamos passando, a parafernália é incomparavelmente maior, e procuram-se soluções para os problemas atuais do ser humano na adaptação do seu bem-viver, conjugando com as artes e ciências, por que dizer a filosofia-religiosa à "Qualidade de Vida"!

Dando o nome de "Neuro Linguistic Programming - NLP", ou seja, a inter-relação dos neurônios cerebrais com a linguagem verbal e não verbal, estabelecendo assim uma programação mental neurológica.

Aquilo tudo que Sócrates, Platão, Pitágoras, Confúcio, e tantos outros fizeram com outros títulos, embora, os acadêmicos possam até não gostar disto que estou afirmando, mas, também, não poderão provar nada contra, poderão sim, inventar alguma tese, mas, ainda prefiro os fatos.

"Programação Mental"

- Ora, quem não é programado mentalmente neste mundo?

"Todos os caminhos levam a Roma"...

O que o homem deseja na realidade é, colocar Deus na sua vida, mas, teme misturá-lo com suas profissões, e dissociá-lo de sua vida é um grande engano, também não queremos aqui misturar a religiosidade com o nosso sucesso, mas, Deus, mente, substrato, essência, alma e afins são impossíveis de serem descartados de tão importante e vasto assunto...

Podemos incluir aqui, "ciências" extra-sensoriais, começando pela RM – Regressão de Memória à TVP – Terapia de Vidas Passadas, que passam se associarem com outra ciência adotada por Alan Kardec, que foi o codificador do espiritismo e morreu aos 65 anos, porém, sempre afirmando que o espiritismo, não se tratava de religião e sim, de ciência, este senhor foi erudito sobremaneira estudando na Suíça, nas melhores escolas de seus dias, foi médico, matemático, escritor, cientista, etc.

Cujo nome "verdadeiro" era: Hippolyte Léon Denizard Rivail, nascido em França na cidade Lyon, é considerado o pai do espiritismo, e sempre insistiu: "o espiritismo é uma ciência!" 1804 – 1869.

Foi um grande estudioso dos fenômenos dos espíritos, como a mesa girante, que fora o maior sucesso público da época, e tantos mais...

Podemos rivalizar a ciência com a metaciência, começamos com uma indução hipnótica simples de tudo, e ali vai se induzindo o hipnotizado, até que ele regresse as suas vidas passadas, o que faz do sistema regressivo, uma catarse letárgica, ou incorporação benéfica, já que a estatística nos tem demonstrado sua eficiência na cura psisossomática do cliente, daí tratar-se de ciência.

Metafísica – parapsicologia - seguidas da hipnose, e suas vertentes, que levam às demais ciências e artes metapsíquicas...

Tenta-se sair do foco filosófico-religioso, mas, não se consegue...

Esse Deus, das religiões, é conhecido com muitos nomes e com biótipos mil, se é que podemos classificá-lo desta maneira...

Mistura-se mente com alma, espírito, consciência, eu maior, substrato, essência, conciex, e por aí vai...

Se o homem se preocupasse menos em dar nomes aos bois, e agisse mais, facilitaria o seu caminhar rumo ao sucesso.

Porém, o lúdico e o homérico fazem parte do estímulo ao sucesso, como é o caso do entusiasmo, que traz todo o poder do homem, cujo verbete deriva-se do grego, significando: cheio de Deus!

Voltando à Programação Neurolingüística, uma das vertentes que ajuda chegar ao sucesso, podemos dizer que, trata-se de um estudo subjetivo do cérebro humano, como se tratássemos de qualquer sentimento psíquico, a exemplo do sentimento de amor, que ninguém tem a faculdade de explicá-lo, nada aqui fica alusivo, isto é apenas um exemplo que passa de largo do assunto aqui pautado.

Diríamos que a nossa maneira de pensar e expressar esse pensamento programado, é conhecido simplesmente por neurolingüística, e aqui vamo-nos ater para que cheguemos a compreendê-la.

Pela PNL... pode-se condicionar à mente humana, direcionando-a ao comando físico, de maneira que tome-se a decisão correta, ou mais acertada no dia-a-dia, observando os mínimos detalhes de nossos atos e fatos, no elã de corrigir o erro para se atingir o fim colimado, almejado em cada situação que se nos apresente em determinado momento.

A subjetividade está mais presente na vida do homem do que se pode imaginar, ela se insere no contexto dos valores humanos como a crença de cada um, envolvendo-se com a emoção do pensamento consciente, ou inconsciente que produzem a criação – motivação – segurança – positivismo – negativismo – estima etc...

Ela já foi largamente usada em setores adversos da vida, desde o profissional liberal à terapia na cura humana, passando pela educação – marketing e vendas etc...

Muito já ouvimos sobre o sujeito turrão, ou teimoso que, não quer enxergar suas nefandas atitudes diante do seu semelhante, às vezes é uma pessoa muito instruída, aculturada, mas, que traz consigo uma maneira desastrosa de agir, vamos dizer que traga esses maus hábitos arraigados dentro de si, e, não queira, ou não saiba discernir a diferença que faz na sua vida profissional, familiar, social entre as de-mais vidas de outras pessoas.

Daí, falar-se muito sobre incompatibilidade de gênio...

Por essas atitudes humanas, oriundas de suas psiques existem indivíduos chatos, frustrados, medrosos, simpáticos, carismáticos e vai por aí afora.

Uma coisa é certa, a "verdade" faz parte da per-sonalidade de cada ser humano, cada um tem a sua verdade particular, e mudar isso é trabalhoso, mas, necessário para que haja adaptação à interatividade humana, quantas vezes usamos a já batida frase: "engolir sapo", ao satisfazermos o ego do mais "poderoso", que na realidade é aquele que não enxerga suas ridículas atitudes, achando-se o máximo, e infelizmente cada um de nós tem esse lado com mais, ou menos intensidade, então programemo-nos para melhor atuarmos no palco da vida.

Mentira:

Pois bem, este é uma assunto tão intrincado quanto a verdade, fala-se muito em falsidade, mas, vamos pensar um pouco, se o homem gosta, ou prefere ser enganado, fica difícil agir verdadeiramente com o homem, posto que ele fez da mentira a sua verdade, uma versão verdadeira da sua hipocrisia.

Em outras palavras, queremos dizer que a verdade dói...

E por comodismo, "ninguém gosta de ouvir a verdade".

Chegar a um doente terminal, e que não quer enteder que é terminal, e que a experiência de vida nos tem demonstrado, que a ele tudo é possível, frente aos fenômenos que estatisticamente estão confirmados, e dizer a ele que, está com dois dias de vida apenas, baseando-se na ciência, que supostamente só fala a verdade, embasado nos fatos, é matá-lo literalmente, pois, estar-se-á tirando seu único antídoto à sua enfermidade terminal , que é maior de todos os remédios, a FÉ!

A neurolinguagem da fé está em todos os seres humanos, lutadores pela sobrevivência, tanto que, o ser humano cai e levanta-se nas lutas de sua lide, através da sua particular esperança...

Podemos dizer que, fazer teatro, é uma enorme mentira, posto que, é um enorme fingimento representado pelo artista ("Arte de Mentir") – ("Arte de Enganar").

Tem um verbete da maior sabedoria oriental que diz: "A vida é maya" e "maya" quer dizer exatamente ilusão, e ilusão é, a maior representante da mentira...

Olhe como podemos neuro-associar os fatos, e as palavras, quando alguém fala para outro deixar de iludir a sua namorada, e que ela é uma pessoa que não merece ser enganada... ora, ora, estamos tratando da mais espúria mentira.

E, podemos ir mais longe, levando a palavra mentira à raia da maior dor humana, que deve ser o imaginado inferno, posto que a Bíblia nos diz que, o diabo é o pai da mentira.

João: 8

44 Vós tendes por pai o Diabo, e quereis satisfazer os desejos de vosso pai; ele é homicida desde o princípio, e nunca se firmou na verdade, porque nele não há verdade; quando ele profere mentira, fala do que lhe é próprio; porque é mentiroso, e [pai da mentira].

Por neuro-associação podemos antecipar uma mentira.

Tomemos uma criança com um (QI) quociente de inteligência abaixo da média, e vislumbrar-lhe um futuro medíocre, e estaremos comentendo uma heresia, ninguém sabe do futuro, essa criança poderá nos surpreender, já que temos visto somente mediocridade na vida social dos homens, principalmente na dos políticos.

Não precisamos ir muito longe, há autista que não faz outra coisa a não ser; realmente ser um virtuoso na erudição musical, ou na pintura, então não podemos abjurar a sua inteligência humana.

Na realidade a arte, em qualquer dos seus segmentos, indubitavelmente, é divina, e semelhante a arte do ensino, sendo que, o professor que não for um bom ator, não é um bom professor, e isto serve para as demais profissões.

Aqui vale dizer que, a boa propaganda qualifica o produto.

Todos nossos passos na vida, vem seguidos de impulsos mentais, e vamos dar o exemplo de um cirurgião, sendo o melhor do mundo, porém, que esteja no anonimato, e venha para operar o seu coração, e chegue bêbado, ou embriagado e trêmulo com um bisturi na mão, você poderia sofrer mais um infarto fulminante somente em pensar em tal desastre.

Porém, não podemos duvidar de que aquele cirurgião efetuasse a melhor cirurgia de sua vida, embora tudo demonstrasse o contrário.

Veja que, aqui temos um exemplo típico de uma situação neuro-associada ao pior, ao negativismo...

Vamos amenizar esta situação, digamos que este cirurgião estivesse sóbrio, porém, descaracterizado de médico, estivesse trajando-se com um macacão de mecânico, a situação não seria muito diferente a você paciente, que não se sentiria nada bem na sala de cirurgia.

Aqui se daria um dissociação neural (medico & mecânico).

A religião pode explicar bem essa situação neuro-associativa, e como já aventamos, descartar Deus da vida humana, é muito complicado na vida da maioria, haja vista o desmesurado número de adeptos de todas as filosofias religiosas, onde aparecem milagres em todas as orbes, atribuídas à fé em Deus...

Na realidade vamos aqui lidar com a totalidade do ser, vamos tratar do lado psicossomático humano sempre no afã de modificarmos o comportamento prejudicial lingüístico-fisiológico.

O homem por mais telúrico (terreno) que seja, por mais que tenha seus pés sobre o chão, ainda assim é lúdico, homérico e onírico para redundarmos bem, ou seja: sonhador em potencial, e isto é muito bom, posto que dependendo da interpretação, isto traduz-se em esperança, fé, escopo, meta, força, entusiasmo etc...

A PNL trata da linguagem usada num clã, pela qual envolvem-se gírias, trajes e costumes.

Podemos notar a sutileza de um ser politizado e abastado, entre outro do mais humilde pauperismo, do linguajar ao poder aquisitivo.

Para que haja uma identificação entre as pessoas, necessita-se de que se fale a mesma língua, a exemplo de alguém que não conhecendo o idioma de outro alguém tente comunicar-se com ele, será muito natural a dificuldade que se processará nessa comunicação.

Já ouvimos falar em retórica, prosaísmo, didática, eloqüência, e todos estes fatores interferem neste assunto da PNL.

Com o perdão do exemplo que ora vamos dar:

Uma coisa é, bater amigavelmente nas costas de um amigo é falar:

- Como vai, bicha louca?

E, outra é, furiosamente bater nas mesmas costas de um desconhecido, dirigindo-lhe a mesma frase...

O mundo dos negócios, queiramos, ou não, gostemos, ou não... é dissimulado, assistimos pelos veículos comunicativos muitas propagandas enganosas, e temos de conviver com estes fatos, pois, "contra fatos não há argumentos".

E, sem querermos ser hipócritas, se nos parece que o ser humano sente certo prazer ao ser ludibriado, tanto isto é verdade que, o povo continua, mais do nunca a eleger os safardanas e ladrões de si mesmo, os políticos...

- Ou estamos mentindo?

A PNL, vai nos auxiliar a possuir o famoso jogo de cintura na interação com as pessoas.

Vamos ouvir verdades, e ouvir mentiras e haveremos de contornar essas situações, até porque aquilo que para um é verdade, para outro não passa de mentira.

Quantas vezes, nós seres humanos cremos nos nossos filhos, e eles continuam aprontando, e nós crendo e por aí vai... sempre achando que ele não vai mais repetir aquela mentira, como são quase todos os políticos...

Aqui procura-se estudar as peculiaridades da mente, ou do cérebro humano através de suas manifestações.

Somos atingidos constantemente pelos pensamentos expressos em gestos, palavras, enfim pelos sintomas dos nossos interlocutores em atitudes positivas e negativas.

Pela nossa maneira de pensar, analisar e agir, somos formadores de opiniões, e com isto formamos mundos diferenciados, ou facções que simpatizam-se entre si.

Assim, formam-se personalidades que vão formando suas opiniões também...

Vamos aventar sobre o verbete:

Crença.

Somos influenciados pelos nossos primeiros deuses, aqueles que começam a cuidar de nós quando aqui chegamos, a nossa mãe, nosso pai, nossos irmãos, amigos que começam a nos moldar de acordo com suas crenças, logo mais entram os deuses que nos governam... com uma gama enorme de nomes como Deus – Alá – Jeová – Jesus – Cosmos e a onomástica é muito vasta.

Na PNL essa gama toda idealismo formado faz parte das técnicas que procuram trazer todos estes sentimentos de religiosidade a um ecumenismo alinhado para produzir o bem-estar – bom-humor – paz – harmonia – saúde etc...

Procura-se através da PNL a conscientização do ser, para que fique mais atento aos detalhes, que fazem a diferença na boa conduta humana.

Nas transições que a vida se nos impõem a PNL é deveras útil, posto que elimina a nossa ansiedade, fazendo aflorar nossas ferramentas que trabalham nos nossos desajustes emocionais com a confiança, tranqüilidade, bom-humor, coragem etc...

Quanto aos problemas mais profundos como os traumas e suas conseqüências, aplica-se uma técnica de regressão consciente, pela qual inteira-se do problema do induzido para que se trabalhe a sua causa desde o princípio.

Na educação, tanto o aluno como o professor interagem-se de modo que se comuniquem com maior clareza de idéia, e quando necessário há sempre uma maneira de se dizer não ao aluno, dizendo-se sim, como na psicologia aplicada, e cada caso será sempre um caso.

Na empresa pode-se ampliar o leque desde palestras motivadoras atingindo um todo, como o trabalho personificado do operário ao presidente da firma, portanto, passando por todos os profissionais em qualquer área, ou setor.

No setor pelo qual necessite-se de maior liderança, como o de comunicação por exemplo é de uso mais comum, onde há premência de criatividade, e resoluções de problemas às vezes intrincados – aqui incluem-se setores de vendas – recursos humanos – gerência – secretaria – diretoria etc...

Com essa aplicação da neurolingüística na empresa tem-se como escopo o sucesso pessoal e corporativo.

Rapport, ou sintonia na busca da Excelência Humana, são algumas terminologias da PNL usadas por alguns profissionais, seria a boa indução de alguém para alguém, no afã de melhorar as atitudes dos seres humanos profissionais, ou não...

É o estudo da estrutura da experiência subjetiva. Ela estuda os padrões ("programação") criados pela interação entre o cérebro ("neuro"), a linguagem ("lingüística") e o corpo.

TRIUNVIRATO NEURO-ASSOCIATIVO:

PROGRAMAÇÃO – CÉREBRO – CORPO – MEIO AMBIENTE

A PNL estuda o funcionamento do cérebro, como enxergamos a criação dos nossos pensamentos, sentimentos, estados emocionais, e como por em prática esse processo.

Internamente podemos ver, ouvir e sentir a exemplo de sonharmos com nossos ideais, porém, o grande problema é a coordenação na exteriorização desses sentimentos... à prática da neurolingüística...

Podemos fazê-la bem feita, portanto, com sucesso, ou mal feita acarretando-nos sérios problemas.

Ela estuda como se processa o pensamento.

Pensar, é usar os sentidos internamente.

Pensamos vendo imagens internas, ouvindo sons ou falando internamente e tendo sensações.

Também estuda a influência da linguagem que, embora seja produto do sistema nervoso, ativa, direciona e estimula o cérebro e, é também a maneira mais eficaz de ativar o sistema nervoso dos outros, facilitando a comunicação.

Como a PNL procura conhecer o corpo através da mente, obviamente, se houver um melhoramento mental, ou seja, uma maneira mais coerente de se enxergar a vida com uma mente mais sadia, com certeza se processará uma saúde ao corpo físico, e vamos bater na antiga, porém, veraz tecla: "Mente sã em corpo são".

Todas essas fases da PNL, com certeza trazem a tão decantada boa Qualidade de Vida, que naturalmente será materializada em bens palpáveis, sobre os quais discorreremos doravante.

Qualidade de vida

A qualidade de vida, é muito lógico que começa pelo equilíbrio mental da pessoa que, quanto mais equilibrada, mais adaptável ao meio, pois, passa a entender o seu eu, e o eu do outro.

Vamos divagar sobre o aprendizado na qualidade de vida:

Pela PNL, o indivíduo cria uma mapa cognitivo através de estudos programáveis e neurolingüísticos, ou seja: a pessoa projeta, ou cria mapas cognitivos no seu sistema nervoso, no toma lá-dá-cá das informações externas decodificando-as internamente, retornando-as sempre em atitudes comportamentais.

Em outras palavras, tratamos do condicionamento mental, pois, ao se aprender alguma atitude, ela torna-se condicionada, ou viciada... trazendo um certo prazer implícito no subconsciente humano, e se isso for de bom alvitre, tudo certo, porém, se for degradante, necessita-se de um tratamento de interação para que seja modificada com o passar dos dias...

Esses mapas cognitivos são influenciados através de linguagem cíclica e orgânica, padronizadas pelo sistema nervoso.

Pressuposição subjetiva:

Cada ser humano tem um visão de vida, portanto, cada um comunica-se diferentemente, pois, enxerga o dia-a-dia de maneira pessoal, com foro íntimo e, expressa sua personalidade de maneira diferenciada, partindo até da realidade universal de que nada é igual a nada, apenas semelhante...

Nas atitudes de uma pessoa, no tom de sua voz, no seu olhar, seu gesto, seu palavreado, expressão facial etc... são indicadores determinantes de suas mensagens, como que inconscientemente virando-se ao avesso e expondo visceralmente a sua personalidade, até então velada como que se protegendo dos males externos...

Muitas vezes, são as gafes, ou as bolas foras...

Eis algumas assertivas dos estudiosos da matéria:

Vamos resumir estas escritas de acordo com a nossa interpretação, aquilo que aqui se faz primordial no estudo da PNL

1 – Conforme for a nossa comunicação, podemos analisá-la pela sua resposta.

2 – A importância real na comunicação, é realmente aquilo que nós comunicamos, e não aquilo que queríamos comunicar...

3 – Somos nós a mensagem, com o nosso carisma, gestos, presenças de palcos, e por aí vai, 90% da nossa fala não passa de retórica – ou seja: marca indelevelmente os ouvintes; apenas 10% da nossa oratória fica na sua memória...

4 – A vida é um enorme teatro, onde todos repre-sentamos conforme a nossa realidade interna de ver e aprender a vida.

5 – Para conseguirmos ter rapport, ou sintonia, ou empatia com outras pessoas, necessário se faz que respeitemos o seu mundo, e obviamente com sutileza apresentarmos a nossa proposta influenciável de nosso modelo de mundo.

6- Não existe ninguém inepto, ou sem boas qualidades cognitivas, apenas carecem de ser descobertas em suas qualidades e transformá-las em atitudes viáveis.

7 – As pessoas dão o melhor de si.

8 – Todas atitudes são úteis em algum afazer – então vamos descobrir onde e como surgiram essas atitudes.

9 – A PNL dá opções de atitudes às pessoas, sem interferir na sua ética.

Bem... não queremos aqui, usar todas as técnicas disponíveis na PNL, apenas traçar algumas linhas primordiais, que trazem benefícios ao leitor ao praticá-las.

Queremos também continuar ratificando que, o conforto mental, como a ausência do medo, da ira, da inveja, ciúme e outros sentimentos baixos traz ao ser humano a tranqüilidade que o colocará dentro da qualidade de vida psicológica.

Porém, na qualidade de vida se insere muitos detalhes como moradia, lazer, enfim descreveremos a seguir, como se dá essa qualidade de vida dentro de uma empresa... por exemplos:

Academia empresarial

Massagem terapêutica

Ginástica convencional

Nutrição

Yogaterapia

Ergonomia

Temos avaliação física computadorizada

Ginástica convencional

Ela é praticada à base de 10 minutos dentro da empresa, preparando o trabalhador em seus estado físico e mental, variando conforme o tipo de atividade de cada grupo.

Massagem terapêutica

Essa massagem previne e cuida de dores musculares, estresse, encefalite etc... proporcionando-lhe um relaxamento físico-emocional.

Yoga

O Yoga nasceu na índia, uma arte muito antiga e que ganhou o mundo, proporciona ao praticante um domínio fascinante psicossomático, através da respiração, meditação e movimentos flexíveis, dominando o estresse.

Ergonomia

A Ergonomia trata da postura saudável com a adaptação ao corpo humano, através de horários adequados, meio ambiente ideal à meta industrial para que haja produção com o menor esforço humano.

Nutrição

A Alimentação é fator básico da qualidade da saúde e da atividade saudável do homem, prevenindo-o das doenças, portanto, é de relevada importância na qualidade de vida profissional.

Avaliação física computadorizada

Temos aqui o que há de mais moderno ao bem-estar do trabalhador e da empresa.

Aqui se faz análise do corpo humano, sua massa corpórea, altura, batimento cardíaco,

Enfim, faz-se uma avaliação do biótipo para adaptá-lo ao seu trabalho.

As doenças trabalhista são muitas nos dias atuais, então devemos cuidar com muito carinho da qualidade de vida dos trabalhadores.

Isto para não aventarmos sobre as quadras poli-esportivas e outros entretenimentos que já são de praxes nas empresas...

Redundâncias:

Bem, escrevemos muito sobre as técnicas do sucesso, porém, queremos aconselhar aos postulantes ao sucesso profissional, que filtrem suas atualizações, e se apercebam de quanta retórica há realmente em todos os segmentos profissionais, e verá realmente que se aproveita muito pouco além do que já está há muito tempo no caminho dos vencedores.

A verborragia é uma coisa de louco, são tantos verbetes para se dizer a mesma coisa, é uma sinonímia impressionante.

O vendedor traz na verve a palavra do convenci-mento, aliás, para vender são necessários aqueles velhos atributos, mais as atualizações dos dias hodiernos, como o uso normal dos nossos micros computadores, e o trabalho seguido de perseverança.

Mas, isso é regra geral aos profissionais de qualquer área.

Holística

De maneira concisa, este termo significa que o todo não deve dominar a parte (literalmente), esta definição é antiga, e que fala de Deus o criador, e de nós as criaturas dominadas pelo Todo-Poderoso, apesar disto Ele está em tudo e em todos, e a vida está em todas as partículas universais.

O todo (a massa) está aparvalhado pela contingência de uma vida moderna e desordenada... e o caos se estabelece entre as nações, porém, ratificamos: somente poderemos ter um todo perfeito se, aperfeiçoarmos as partes.

O mundo que nos rodeia está cheio de mistérios, pois, sentimos o extra-sensorial somos apossados para fazer o bem e o mal, dependendo simplesmente de nosso estado de espírito.

Às vezes somos nimbados de uma força desmesurada para transpormos obstáculos, e quantas vezes assim o fizemos no decorrer de nossos dias passados, é tão somente fazermos uma regressão do nosso cotidiano, e poderemos rever nossa odisséia.

Em certos momentos pegamo-nos falando coisas e assuntos de profundidade, além do nosso alcance mental, ou a criar uma obra de arte, ou algum artesanato, ou um conselho referto de grande sabedoria e, então podemos perceber que estamos acompanhado de alguma força extra-sensorial, que muitos chamam-na de espírito, energia, e voltamos a falar da rica sinonímia pela qual tentamos explicar ainda o inexplicável.

Poderíamos ficar citando os grande estudiosos do assunto cartesiano, ou epistemológico e chegarmos a mil conceitos etéricos das teorizações acadêmicas cansativas como são seus livros de teses, na sua maioria...

A exemplo reikiano do terceiro ouvido, e muitas teses freudianas etc...

Então podemos vislumbrar uma miscelânea de filosofia-artístico-psico-religioso-científica e algumas coisas mais...

Sempre no elã de explicarmos o inefável, a nós se nos parece incontrolável esse desejo de explicar, ou revelar aquilo que fica apenas na tese, embora exista na prática, sem a explicativa convincente, ou plasmada, apenas a estatística dos acontecimentos demonstra a verdadeira existência de um poder divino que independe de religião ou ciência...

Como milhares de casos de doenças diagnosticadas pelas máquinas radiográficas, e em seguida não mais se detectam as respectivas doenças, muitas vezes terminais, como anteriormente já comentamos...

Pois é... já que falamos de Reik e de Freud, ficaríamos citando grandes nomes de estudiosos do assunto, redundando nos antigos filósofos yogues e religiosos que já disseram a mesmas coisas... que somos unos, apesar de aparentemente separados fazemos parte de um todo universal, como se fôssemos partículas de um corpo, e assim o somos verdadeiramente.

Voltamos a bater na velha tecla de Deus, seus filhos, substratos, essências, egos, inconscientes, subconscientes.

Metafísica e religiosidade se mesclam com um glossário de palavras dando a mesma conotação etérica, fragmentada em muitas vertentes cientifico-filosóficas...

Inventaram até um termo bem subjetivo, a inter-subjetividade.

Achamos que, esses estudos tornam-se mais subjetivos, na ânsia de explicar o impalpável, o invisível, como se quiséssemos explicar a alma, o espírito, a essência do homem, ou do próprio Deus...

Como se fôssemos fazer uma demonstração atômica e de suas partículas sem o grande auxílio do microscópio.

A dialética e a retórica continuam fabricando livros e apostilas e até universidades no desejo mercantilista, essa é a grande verdade humana.

No tocante a Holística – Neurolingüística – Psicologia – Reik – e outras metaciências, parecem fundir-se na mesma terminologia de retórica.

Como exemplo: a meditação abaixo descrita a uma jovem, podemos sentir seus efeitos, porém, não podemos explicá-los por inteiro:

Então vamos lá:

Esteja num lugar onde ninguém possa perturbá-la, num cômodo fechado de sua

casa.

Deite-se de costas, desaperte qualquer parte de sua roupa, que lhe esteja incomodando, para que você fique realmente confortável.

Fique na penumbra, ouça música relaxante e que não seja letrada, para não se deixar influenciar pela letra musicada...

É muito importante que se sinta plenamente confortável, e sem medo de nada.

Feche seus olhos e comece a sentir com profundidade o seu corpo e, começando pelos seus pés, vá ordenando que eles relaxem, vá então subindo e dando a mesma ordem a todos os nervos de seu corpo até chegar à sua cabeça.

Agora que você está relaxada, inspire e espire lenta e profundamente

imaginando que um facho de luz dourada represente todos os bons

sentimentos como amor, saúde, alegria... entra pelas suas narinas, e

ao

espirar sai de dentro de você todas as mazelas como doença, ciúme,

mágoa

etc...

Faça esse exercício como se fosse aquele silêncio que precede a uma

oração,

até que se sinta preparada para deixar sua mente vazia, e para tal veja em

sua mente uma tela branca, e nela projete a sua imagem, como personagem de

uma película onde você está contracenando com seu negociador, que pode ser

namorado, pai, mãe, irmão, credor, cliente ou quem você quiser que seja.

Após, esse exercício, você irá deixar sua mente vazia, com o bom propósito

de que o seu mentor espiritual venha habitá-la e orientá-la no seu

dia-a-dia...

Obs: quando a sua mente está vazia, ou seja sem nenhum pensamento, processa um relaxamento natural no seu sistema psicofisiológico, ou psicossomático, e seus órgãos trabalham de acordo com as leis da natureza, ou seja, sem os

bloqueios mentais, então a sua mente descansa, e o seu físico também, e o

melhor de tudo é, os espíritos de luz percebem que sua mente está impoluta, livre de qualquer pensamento insano, vindo nela pousar, enquanto que,

aqueles que gostam de lugares imundos passam de largo pela sua mente.

Faça sempre essa meditação, e por si só irá evoluindo até ter domínio

consciente da mente, que é a porta de entrada do bem, ou do mal.

Ver

"Em terra de cego, quem tem um olho é rei".

Você pensa ter boa visão, pois, ela é limitada ainda, a nossa falta de consciência é realmente grande.

Quantas vezes deixamos de concluir grandes eventos, pois, achamo-nos amarrados psicologicamente, sem a devida decisão, não temos a respectiva coragem de decidir, conseqüência da falta de visão, às vezes por medo, outras por pura precaução, exatamente quando chegamos no fim do túnel e, nada enxergando, retornamos lentamente até a estaca zero.

Nossa percepção, ainda é muito curta, pois, temos muito de caminhar no caminho da conscientização mental para chegarmos à luz do dicernimento maior.

Há aquele que nasce visionário, porém, não se dá conta do processo que atua nas suas atitudes, às vezes atribuídas à sua sorte.

Existem aqueles que trazem experiências de outras vidas, ao menos é o que acreditamos, já que não dá para explicar de uma outra forma.

"Wolfgang Amadeus Mozart" grande músico e compositor, aos cinco anos de idade, tocava seu instrumento e regia as grandes orquestra, deixando os velhos maestros encabulados.

- Como explicar tal genialidade?

O sucesso, no mundo dos negócios depende também desses atributos de genialidade, alguns empresários tem o faro para o bom negócio, e às vezes enriquecem da noite para o dia, como que num passe de mágica, enquanto, outros trabalham a vida toda e, não são bem-sucedidos...

A visão empresarial, também depende do entusiasmo e da força de vontade, posto que a fé do empreendedor conta muito.

Porém, a fé sem as obras é morta.

Tiago: 2

17 Assim também a fé, se não tiver obras, [é morta] em si mesma.

Então amigo leitor, tenha fé no seu sucesso e mãos a obra...

Renovação

Refazer a sorte,

Sair à luta,

Nortear o norte,

Resolução resoluta,

Vontade entusiástica,

Desejo forte.

Pode parecer lunática,

Talvez, fanática...

Pouco importa,

Abriu-se a porta,

Porta da vida,

Morte da morte,

Mal resolvida,

Sutura do corte,

Sisão perfeita,

Por Deus desfeita.

É, a vida da vida.

É, a morte da morte.

Campear a glória,

Sonho, pé no chão...

Relembrar memória,

Extrair lição.

Assentar o pêlo,

Sem mais apelo,

Lutar com coração.

Rever história,

Edificação.

Eis, o sucesso

Da regressão,

Eis, o acesso

À digressão.

Mas, com desvelo,

No seu regresso

De conclusão.

Voltar-se a si

É, a sabedoria

Da introspecção.

Em você, já vi

Estar em mim.

Unamos os fatos,

Não de per si.

Todos os patos,

Pagaremos juntos.

Meu universo

Ao seu diverso,

Do amor à flor

É, o maior assunto

Da boa intenção.

Seja como for,

Andemos juntos,

Pautando assuntos,

Do grande amor!

Por estas e mais aquelas, temos de crer em Deus, e suas manifestações inexplicáveis estão acontecendo, somente não enxerga aquele que não quer ver.

Os fenômenos estão debaixo dos nossos olhos.

Os milagres da vida, se os preferir...

Vícios da vida

As nossas vidas na mesma estrada...

Somos muito, somos manadas.

Castas de castidades, de quantidade.

Místicos de vidas tisnadas,

Baralhadas, divididas,

Em desunião, partidas...

Despatriadas, mistificadas.

Alegria e dores sentidas.

Perdidos, não vemos nada.

Inconscientes da ciência universal.

Misturamos tudo, até açúcar com sal.

Miscelâneas do bem e do mal.

Ora, gente humilde, ora animal.

Confusão generalizada.

Os boçais, não riem, mas dão risada...

Misturança mental, mentalizada.

Nos olhos, véus, vendando a rapaziada.

Vendendo drogas, ou usuários.

Uma, ou outra, são mesmos, otários.

Droga refinada, ou natural,

Qualquer bingo, dá o sinal.

Nunca se ganha, só se dá mal.

Nem sempre, o viciado é usuário.

EG

O sucesso está perto

O sucesso está bem perto,

O céu está aberto...

O sol nasce para todos,

Para inteligentes,

Para descrentes,

Até para os bobos,

E para os espertos...

Para os bons.

E aos maus.

E, você não vai arriar,

Ao que come caviar,

Nem a quem toma mingau...

Todos tem oportunidade,

Em qualquer idade.

Pois, paga-se o preço.

O sucesso, tem seu endereço,

Pague só para ver,

E, irá fazer chover,

E descer fogo dos céus,

Tamanho será, o seu escarcéu...

Será reparado,

Não passará disfarçado.

Tal seu interno poder.

Tenha apreço,

E a Deus agradeça.

Seja honesto,

E também, modesto.

Haja com humildade,

E todos gostarão de você,

Seja simples...

Terá o sucesso

À sua mercê.

Você tem qualidade.

Tem capacidade.

Tudo o que você é,

Está no seu eu.

Você, é a cabeça,

Que crê em Deus!

Jamais esmoreça,

Tampouco, amoleça,

Consigo endureça,

Pois, o seu calor,

Terá grande valor,

Até, que o arrefeça...

O sucesso está na sua alma,

Porém, mantenha a calma,

E, espere que ele apareça,

Pacência, e não se aborreça.

Vamos concluir esta nossa escrita com um relato singelo, porém, com muita eficiência, já que nesta obra, estamos tratando do sucesso sem misitificação:

O PODER DA PALAVRA

Sempre faremos alusão, sobre o poder persuasivo da palavra, aliás, ela está a todo momento mudando o mundo, através de todas as mídias.

Amigo, aspirante ao sucesso, você pode! - Porque você venceu a vida e a morte, quando lutou com milhões de espermatozóides para chegar onde você chegou.

Creia piamente na sua capacidade.

-Você conhece alguém que... praticamente sozinho venceu aproximadamente duzentos milhões de concorrentes e chegou em primeiro lugar?

- Que fôlego... hein!

A mídia religiosa dos dias atuais é algo impressio-nante, quantos acetas, vão se achegando à ela, pelo simples fato do ser humano não poder viver no isolamento, é aí que você entra, com todos os artfícios da psicologia prática, aquela do seu dia-a-dia.

A robótica, a internet, jamais substituirão a presença do calor humano.

Você emana eflúvios de energias contagiantes, ao usar o entusiasmo, cujo verbete derivado do grego, que quer dizer: Cheio de Deus!

- Por que a mídia tem um enorme valor nos dias atuais?

- Pelo poder da palavra que atinge oa auditórios e a massa mundial, ela é a maior ferramenta do homem nos negócios atuais, através da lavagem cerebral subliminar, velada, camuflada, disfarçada, haja vista os horários políticos, que fazem a cabeça dos eleitores irem votar nos ladrões de seu próprio minguado salário de fome.

Estamos aqui, pregando a você o poder da palavra, boa ou má...

E, ainda por cima acreditamos na palavra boa, que vence a má, vejamos o nazismo de "Adof Hitler" que convenceu aquele povo inteligente, a praticar tanta trucidade, mas, a boa palavra convenceu os aliados a combaterem e vencerem o mal do regime ariano.

Então a verdade prevalece sobre a mentira, até porque: "A mentira tem perna curta".

Pode-se enganar uma vez, duas vezes, porém, depois não se consegue mais, e isto é a maior burrice humana, logo que vai se queimar no mercado e ficar jogado às traças do descrédito mercantil.

A você, que venceu tamanha guerra, este negócio de "network", é quase nada.

Vá em frente, e compreenderá do que nós estamos falando.

SUCESSO!

SUCESSO!

SUCESSO!

CAPÍTULO 1

O DESEMPREGO

Carlos e Bete, estavam há um bom tempo de-sempregados, quarentões e bem casados, e com seus dois filhos já criados, e com vidas próprias.

O casal, que tivera fausta vida em comum, agora via-se triste e solitário, com seus bens solapados pela mudança mundial da globalização.

Quando recebem um convite para uma reunião de "network", ou vendas em rede, ou "marketing" de rede...

Bruno, e o casal eram amigos de infância, e nunca fora próspero, porém, agora havia "dado a volta por cima" – carrão importado – bela casa etc...

O casal já havia pensado sobre a ascensão de Bruno que, por sinal não fora bom aluno, quando estudavam na mesma série escolar, e era oriundo de família pobre.

Bete solícita, pergunta ao conferencista Bruno, que naquele momento formulava o convite para a referida reunião:

- Amigo Bruno, queira nos explicar - o que é, "marketing" de rede?

Enquanto são interrompidos por Carlos, que torna-se naquele instante num grande anfitrião, ávido pelo seu futuro.

Pedindo para que esperassem-no com aquele assunto, pois, iria lhes servir alguns salgadinhos etc...

No ar atmosférico pairava uma brisa dos deuses, a calmaria era providencial para aquele bate-papo informal.

- Vejam... o "marketing" multinível... poderíamos dizer que é, uma forma moderna de interatividade justa e lucrativa na distribuição de rendas.

Carlos interfere... brincando:

- Bruno, pelo amor de Deus, estamos chegando agora... destrince esse assunto de maneira que possamos entender, por favor né!

- Bem, não ficaria nada bem, se lhes dissesse que vim até vocês para praticar alguma mágica, ou milagre, não...

- Venho em nome do trabalho honesto, inteligente e lucrativo.

- Quem já não ouviu a frase: "A união faz a força".

- O trabalho em rede, realmente é muito gratifi-cante, posto que, estaremos reunidos dentro do grande, quiçá, o maior mandamento de Deus, que é o amor ao próximo, dentro do respeito mútuo.

Imaginemos que, daqui a alguns anos o planeta estará robotizado, ainda mais do que já está, portanto, sobrará um amontoado de humanos "ociosos", sequiosos e famélicos da grande psicoterapia que é, a simples convivência entre nossas conversas cotidianas.

Bem, agora então entra o multinível que funciona como a grande terapia do milênio, reuniões e mais reuniões, confraternizações mil, que trarão enormes bens de ordem psicossomática, acompanhados dos lucros materiais.

- Não acho tão simples assim. Replica Bete.

Eminentemente vem a tréplica de Bruno:

- Bete, não seria tão simples se você trabalhasse sozinha, porém, acabamos de falar que, "a união faz a força".

Se prestarmos atenção nesta rede, podemos compreender que, ajudando os nossos líderes imediatos, estaremos simplesmente nos ajudando.

Agora é a vez de Carlos colocar alguns obstáculos:

- Bruno, sinceramente, se é o que estou entendendo... isso parece-me mais uma daquelas pirâmides...

- Queira-me perdoar Carlos, mas, em primeiro lugar, pautamos pela honestidade, mesmo porque, não seria inteligente da nossa parte apropriarmo-nos ilicitamente do dinheiro do nosso irmão, portanto, queremos um trabalho prazeroso, honesto e duradouro...

Amigos, Bete e Carlos, venham até a nossa reunião e, poderão analisar melhor a nossa proposta.

CAPÍTULO 2

A REUNIÃO

À porta do salão, posta-se uma jovem bem vestida, e muito educada, que conduz o casal, Bete e Carlos, apresentando-os como convidados de honra etc...

Encantados com a recepção, reunidos com apro-ximadamente cem pessoas, ocuparam os primeiros lugares à frente daquele palco.

A reunião começa, sendo aberta pelas palavras de Bruno, que saúda os convidados amistosamente.

Bruno, um líder carismático, alegre e bem trajado, faz alusões às dúvidas que poderiam suscitar naquela palestra.

Numa pequena lousa, escreve os cálculos matemáticos de uma progressão galopante, da qual, um líder se beneficiava naquele momento.

Após suas considerações, passa a palavra ao convidado-conferencista:

É com satisfação que lhes apresento: Sílvio.

Sílvio, adepto ferrenho do entusiasmo, agradece a salva de palmas recebida, porque o povo é realmente educado, na sua maioria...

Agradece àquele seminário, que lhe proporciona a oportunidade de dar mais um testemunho da sua vida profissional em multinível.

E, fala da sua vida empreendedora, pela qual, tinha relativo sucesso em sua distribuidora de bebidas, porém, largara tudo para dedicar-se à venda direta.

Pensava já em expansão internacional.

Para ele, o "marketing" de rede se faz com muito relacionamento e amor. Suas dicas são seguir a Linha Ascendente e ter muita fé em si mesmo.

Agora Bete e Carlos, têm uma pequena noção sobre "marketing" de rede, porém foram contaminados pelo entusiasmo e, solicitaram uma explicação mais amplificada de Bruno e conseguiram, é claro, como se segue:

CAPÍTULO 3

RECEPÇÃO

Na casa de Bruno, o casal é recebido em um ambiente bastante acolhedor, e começam as explicativas:

Conheça bem o seu produto, e confie piamente na sua empresa, bem como no seu patrocinador e na sua rede em geral.

Porém, não dê trégua, acompanhe de perto, no auxílio a todos os elementos possíveis, principalmente aos seus melhores líderes.

Nunca desista, embora, muitos ficarão pelo caminho, mas, persista e terá o esperado sucesso.

Trabalhe para o seu upline, ou seja, para o seu líder imediato, de maneira que, estará trabalhando especialmente para você.

CAPÍTULO 4

PLANO DE TRABALHO COM A PESSOA CERTA

Estabeleça meta, e paute pela iniciativa, você deverá dar o exemplo.

Escolha o elemento certo, aquele que realmente lidere, e se for melhor do que você, ótimo, não se esqueça de que ele está na sua rede, e jamais entre em competição com ninguém, procurando se colocar no lugar de cada um, e seja sempre humilde, a humildade certamente será acompanhada da honra.

Agradáveis surpresas lhe esperam...

CAPÍTULO 5

VIVA A SUA LIBERDADE

Você não terá mais patrão, será seu próprio patrão, com a liberdade de se ver muito bem sucedido na vida.

Se você se fizer merecedor do seu esforço, então poderá viajar, morar dignamente, possuir tudo o que desejar, dependendo somente do seu esforço.

Começará neste negócio, sem capital, será totalmente autônomo, e naturalmente será cobrado pela sua própria liberdade.

A sua consciência o fará líder esforçado, sentindo um enorme prazer no seu trabalho, já que, a sua causa é nobre na distribuição de rendas.

CAPÍTULO 6

LUCRATIVIDADE

Eis a dedução lógica, você é um empresário-especial, estará isento de aluguéis, muitos impostos, folha de pagamentos, mil tributos...

Um Novo Enfoque Sobre Vendas.

E jamais se esqueça, a sua profissão agora é aquela que envolve a presença do maior e melhor elemento existente neste planeta, o seu semelhante.

Esqueça a palavra vendas, por estar estigmatizada, dê preferência às modernas como "network", ou "marketing", relações públicas...

Não dê bola para a torcida, o povo adora os termos importados.

Jamais force uma venda, seja autêntico e verdadeiro, deixe que as pessoas comprem as suas idéias, pois, quando elas adquire um bem, elas se comprometem com esta compra.

Seja sincero nos seus elogios, seja atencioso com todas as pessoas olhando descontraidamente aos seus olhos.

Seja um ouvidor, o grande relações é aquele que sabe ouvir atentamente ao seu interlocutor, interessando pelo seu problema e, fazendo de tudo para ajudá-lo, a sua conquista será contundente ganhando um cliente para sempre.

CAPÍTULO 7

SUPRIR NECESSIDADES

Poderíamos dizer que, este capítulo é de todo especial...

O relações que se preze, será um buscador de necessidades alheias, e a sua especialidade com certeza é a de supri-las.

Você, chegando com o produto certo, para a necessidade certa, a sua venda estará sendo realizada, com absoluta certeza.

Portanto, cuide em ser um observador discreto e sincero.

CAPÍTULO 8

PERGUNTAR

Sem se demonstrar curioso, e sim... interessado pelos problemas do seu prospecto, pergunte sempre, até se insinuando em querer aprender com o seu interlocutor.

Esta é uma técnica infalível de descobrir as ne-cessidades de seu cliente.

Imperioso é, que você se torne um pesquisador profundo dessas necessidades de seu cliente, ou seja, procure sentir o tamanho da sua necessidade de ganhar dinheiro, fama, status etc...

O cliente aqui representa todos os companheiros de rede "network".

CAPÍTULO 9

O GRANDE SONHO

O grande sonho do ser humano é indubitavelmente a liberdade.

Veja então se o seu prospecto, no momento, está tendo este sonho, e mostre a ele que o "marketing" de rede o libertará do seu jugo, o qual, com certeza estará abominando.

Demonstre a ele a segurança de um pecúlio, portanto, a grandeza de uma rentável aposentadoria.

Retornando ao assunto de que, não terá quase encargos e tributos como numa empresa empírica.

Explique... que ele poderá sair de férias remuneradas, já que, a sua rede o sustentará, em função da união fazer a força...

Podendo gozar de prêmios que fazem parte deste esquema de "network".

CAPÍTULO 10

SUSTENTAÇÃO

Uma pequena empresa é vulnerável, perto deste sistema de rede, pois, existem os coringas nas empresas, aqueles que se desdobram em tudo, chamado também de pau para qualquer obra etc...

Pois bem, quando um desses elementos cai adoecido, porque, todos nós somos susceptíveis às enfermidades.

Então esta empresa poderá sucumbir por estar escorada em alguns profissionais.

Porém, na rede de vendas direta, isso não acontece, sendo exatamente o contrário, pois, existe uma gama enorme de profissionais habilitados, mesmo porque, os seminários são veementemente concitador ao trabalho lucrativo de vender, com explanações esclarecedoras.

CAPÍTULO 11

NÃO PREJULGAR

Você pode achar que as pessoas pensam somente no dinheiro, uma quantidade grande pensa, mesmo porque as suas necessidades básicas são extremas, mas, há aqueles que estão pensando em como gastar as suas fortunas e sentem-se infelizes e frustrados em não poder fazê-lo.

Há aqueles que prezam mais o poder da sabedoria intelectual.

Há aqueles que veneram seus títulos.

Há aqueles que prezam seus valores espirituais.

Portanto, veja só quanta prospeção você terá de fazer em seu prospecto, para alcançar o seu tesouro.

Você será um grande escavador de necessidades...

Lembre-se sempre disto: a prospeção é sua, continue...

A grande sabedoria em rede é: você, em primeiro lugar deverá se sentir extremamente feliz, e aprender a cultivar a felicidade, e depois, fazer com que o seu prospecto perceba isto em você, aí amigo... você estará alcançando os píncaros do sucesso!

CAPÍTULO 12

LIDERANÇA

Todos nós somos líderes, porém, você se fez líder específico no trato com a rede de "marketing".

Como líder, inconscientemente você será imitado, veja então a sua responsabilidade diante de sua rede...

- Você não vai querer macular a sua rede... vai?

Então, você vai ter de revender sempre, e cuidar constantemente da sua rede, nela mora a sua fortuna, o seu entretenimento, faça sempre dela a sua alegria, tome gosto por ela, cultue o ato da psicoterapia do dia-a-dia.

CAPÍTULO 13

PERFECCIONISMO

Não seja minucioso diante do seu prospecto, ao menos que seja numa necessidade premente.

Não é necessário detalhar muito o seu produto, pois, o seu prospecto poderá ser veterano nesse seu negócio.

Com certeza estará ele, mais interessado na rentabilidade do seu produto, do que em seus detalhes.

CAPÍTULO 14

PERGUNTAS E RESPOSTAS

Não coloque palavras na boca do seu prospecto, muito menos responda perguntas que não lhe foram formuladas.

Seja conciso nos seus primeiros contatos, não seja cansativo, mesmo que tenha de voltar muitas vezes ao seu prospecto.

CAPÍTULO 15

SIM

Seja criativo e, nunca provoque um não emitido da boca do seu cliente, pois, depois de ouvir um lacônico não, não mais efetuará a sua venda.

Portanto, a sutileza da venda está mais no seu carisma, provocado pela sua presença ao seu cliente.

Demonstre profunda simpatia pelo seu prospecto, a ponto de formar uma grande empatia entre ambas as partes, então ele estará apto a comprar o seu produto.

CAPÍTULO 16

FECHAMENTO

Parece paradoxal ao capítulo anterior, mas, não é, às vezes você necessitará de ser agressivo, porém, suave do ponto de vista da entonação de voz.

Não deixe o seu prospecto pensar e, seja contun-dente dando-lhe alternativa, de modo que, não possa se esgueirar.

CAPÍTULO 17

VOCÊ PODE!

Você pode, porque você é algo extraordinário...

Você já foi à lua.

Você descobriu a penicilina.

Você criou o telefone.

Você fez acontecer neste mundo.

Nunca se esqueça que, você é a extensão do seu irmão...

CAPÍTULO 18

VOCÊ É DEUS

Não se assuste, não estamos blasfemando, não...

Somente estamos citando e repetindo as palavras escritas no Novo e Velho Testamento.

Se você se interessar sobre esta belíssima frase, então recorra à Bíblia.

Novo Testamento, São João 10:34, disse então Jesus: Vós sois deuses, filho do Altíssimo, repetindo a fala do salmista Davi... Velho Testamento, Salmos 82:6.

Ora amigo e amiga, se somos filhos de Deus, com certeza a nós tudo é possível.

Assim falou Jesus: - "Tudo é possível àquele que crê"!

E ratificamos com veemência, Deus é dono de todas as riquezas que existem, portanto, você é herdeiro natural deste potencial incubado dentro de si.

CAPÍTULO 19

INFORMAÇÕES

Peça informações ao seu cliente, o ser humano adora ajudar nas informações, tornando-se auto-valorizado, quando inquirido por alguém.

Peça cautelosamente, mas com firmeza a ajuda do seu cliente, até mesmo o seu ponto de vista, colocando-o em seu lugar de relações humanas etc...

Você terá uma aula de como vender o seu produto, e sentindo-se satisfeito, agradecê-lo-á.

E, em seguida fará aquela clássica pergunta:

- Quem você pode me indicar para visitar com os meus produtos?

CAPÍTULO 20

PEJORAR, JAMAIS...

Não menospreze seu contato, pois, você poderá ficar surpreso com ele.

Há pessoas que sendo convidadas para as suas reuniões e, não comparecerão, muitas vezes encontrarão obstáculos que você desconhecerá.

A persistência é uma arma mortal, use-a enfati-camente.

"Água mole em pedra dura, tanto bate até que fura".

Não abjure a capacidade do seu upline, todos nós temos particularidades que, podem realmente fazer a diferença.

O seu prospecto, com certeza é o seu trunfo e triunfo!

CAPÍTULO 21

CRÉDITO

Seja uma pessoa de ilibada probidade, ou melhor: honestíssima!

"O bom malandro, é o malandro honesto".

Cumpra com seus horários, na dita pontualidade britânica.

Não dê o mínimo de motivo, pelo qual, o seu prospecto venha a duvidar e olvidar de você.

Você deverá ser uma figura marcante, excepcio-nalmente marcante.

Este é um grande atributo de um líder.

Jamais se esqueça deste capítulo.

CAPÍTULO 22

DESCONFIÔMETRO

Coloquialmente falando, use este aparelho que está no seu interior, com o bom-senso você irá longe.

Sendo coerente com suas atitudes, não ultrapassando os limites da confiança do seu prospecto, estará no caminho correto.

Dispense sempre cortesmente os tratamentos pessoais a quem se fizer jus.

Seja polido e educado, mas não perca o bom humor, as pessoas se sentem muito bem perto de pessoas de bom astral.

CAPÍTULO 23

DECOREBA

Faça algum curso de memorização, use o método da adição, fixação, dedução lógica... enfim, decore, pelo amor de Deus, tudo o que for relativo ao seu prospecto, principalmente o seu nome.

Este é um capítulo preponderante, saiba tudo de memória, sobre o seu prospecto, até o nome do seu cão, do seu gato etc...

Quando isto lhe for possível, terá um bom motivo para prolongar a sua agradável conversa com o seu prospecto:

- Como vai a esposa Carolina?

- Como vai o caçula Flavinho?

- E o Rex, já saiu da clínica veterinária?

- Se precisar de alguma coisa, conte comigo!

Seja extremamente observador, com relação aos gostos do seu prospecto, marca e tipo do seu carro, tipo e marca da roupa que gosta de usar etc... Até mesmo algum particular fetiche do seu interlocutor.

CAPÍTULO 24

O PODER DA PALAVRA

Quando alguém quiser ab-rogar a sua profissão, ou o seu produto, até concorde com ele, então pergunte se ele poderia ajudá-lo, numa orientação correta ...

Ao você agir desta forma, começará abrandar aquela atitude apática, e cria empatia, ou cumplicidade do seu interlocutor.

Com o tempo, quando você passar a ser considerado por esta criatura, então você falará mais claramente do seu trabalho.

Resumindo, não diga, e não permita que alguém lhe diga não!

CAPÍTULO 25

CUMPLICIDADE

Sempre que se dirigir a alguém para convidá-lo a participar da sua rede de "marketing", convide-o para participar de lucros em conjunto com você.

Pois, se insinuar que ele está potencialmente preparado para se dar bem na rede, ele poderá desconfiar dessa veracidade.

Lembre-se este negócio é uma associação de pessoas com o intuito de todos ganharem muito dinheiro.

Esta é a tônica principal do seu sucesso.

CAPÍTULO 26

ASSÉDIO

Quando você for acuado por pessoa de espírito contraditório, esteja preparado, mas esteja consciente de que este tipo de gente é mais fácil de aderir aos seus ideais.

Cuidado com aquele que concorda com tudo, ele poderá estar usando a mesma técnica do: nunca diga não...

Se o seu prospecto começar a por pedra no seu caminho, creia, é porque está interessado na sua proposta, pois, ninguém perde tempo argüindo sobre o que não lhe traz interesse.

CAPÍTULO 27

NOVELA

Agora você começa a se aperceber do porquê do nosso início romanceado deste livro.

Assim deverá você, dar o seu testemunho.

Prepare-se com um testemunho sincero... de preferência ocorrido na rede de "marketing", passe essa história da sua vida, porém, com certa brevidade, posto que, deverá ser sábio na sua narrativa, falar muito de si mesmo pode ser arrogante e cansativo.

Ratificamos, jamais minta, fale com sinceridade, pois, saiba que o seu semelhante funciona como um espelho, no qual se estampará a sua imagem real ou falsa.

CAPÍTULO 28

AUTOMOTIVAÇÃO

Você tem a estrita obrigação e o dever de motivar o seu irmão.

Pense em cruzeiros pelo mundo, em comprar fazenda, avião etc...

Mas, motive-se, este é o caminho, pois, você se sentirá muito confortável por estar alavancando o ânimo do abatido, colocando esperança dentro da sua alma e, estará cumprindo com o grande mandamento de amar o seu semelhante.

- Não foi isto que fizeram, e fazem... os grandes luminares da humanidade?

Ter bens, jamais foi pecado, pois, a todo o instante os religiosos nos dizem que somos filhos de Deus, ora, ora, então somos muito pobres, posto que este nababo Senhor Todo-Poderoso é dono de todos os universos.

Então devemos lutar para termos a dignidade de filhos Deus, nos assenhorando de muitos bens conquistados com a nossa honestidade no labor desta vida.

CAPÍTULO 29

META

Vamos então ver agora o que realmente você quer da vida, o seu sucesso está calcado nos seus valores e metas a serem conquistadas.

Medite profundamente... de preferência num recôndito lugar de silêncio total, se isto lhe for possível, o seu relaxamento deverá ser profícuo.

Confortavelmente imagine-se trabalhando e colhendo os frutos do seu trabalho.

Feche seus negócios no astral, nos seus pensamentos, nos seus sonhos etc...

Ao tomar seu banho, dialogue com o seu prospecto em negociações infindas, para que você alcance os seus objetivos.

Isto funcionará como a prancheta do arquiteto, com os seus esboços que, se transformarão nas plantas com seus cálculos geométricos e consequentemente na sua bela mansão.

Creia cegamente no seu sonho e ele se plasmará na mais pura realidade.

Somente uma adenda: não vá esquecer de arregaçar as mangas da sua camisa.

CAPÍTULO 30

ALIMENTAÇÃO MENTAL

Faça uma pequena saturação na sua mente, ao sonhar repise várias vezes aquilo que você deseja, não somente a você, bem como a todos os desejos daqueles que lhe cercam, mesmo que você não os conheça.

Ao desejar o bem, estará aberto para recebê-lo.

Encoraje a sua mente, impregne a sua memória de coragem, e coloque esta coragem em prática.

Saiba que, toda e qualquer pessoa não passa de ser mortal, como a você mesmo...

- Então temer o quê e quem?

CAPÍTULO 31

DISCIPLINA

Anteriormente falamos de liberdade, pois, você deverá ter a clarividência de que esta tal liberdade traz a você a autodisciplina contundente.

Você terá de dominá-la, posto que, você não poderá ultrapassar os direitos do seu semelhante, logo a autodisciplina será uma grande escola no autocontrole psicomental.

Tudo na nossa vida nos custará um preço, e a liberdade é a coisa mais doce que pode existir, porém, com uma cobrança acérrima da nossa consciência em função do nosso próximo

CAPÍTULO 32

ORGANIZAÇÃO

Seja bem organizado, e não queira ter memória de elefante, anote tudo o que seja interessante ao seu negócio de rede.

Se você puder usar os meios eletrônicos, então terá facilitado o seu serviço pela rapidez.

Sempre que for concitado a dar informações, tenha a devida certeza de que não estará bostejando diante do seu prospecto.

Não seja caga-regras, fale com convicção.

Seja assíduo e asseado, estas qualidades lhe renderão uma boa impressão e farão parte do seu sucesso.

CAPÍTULO 33

FONTE ENERGÉTICA

Tenha isto em mente a todo o tempo: Você ine-xoravelmente é uma grande fonte de energias.

O seu poder mental é desmesurado, portanto, cuidado com o que você pensa.

Se você transmitir pensamento positivo, então estará plasmando na sua aparência a saúde física, que emana prazer constantemente aos que lhe estão próximo.

De maneira inversa, acontecerá o pior, emanará energias miasmáticas, ou pútridas que contaminarão seus upline, botando a casa abaixo.

CAPÍTULO 34

PODER

Você pode... lembre-se que dentre milhões de espermatozóides, restou você como vencedor para esta vida, portanto, se você se atinar nesta vitória, que não foi nada fácil, então será vitorioso nesta vida também.

- Você conhece algum atleta, que concorreu com outros duzentos milhões e foi literalmente vencedor?

Literalmente, porque venceu a própria morte, suscitando para a vida contra os milhões que feneceram nesta maravilhosa empreitada de viver.

Então, esta lide do dia-a-dia, nada representa para você o grande e vitorioso atleta do sucesso.

CAPÍTULO 35

A HONRA DA TENTATIVA

É melhor a honra da tentativa, do que a mácula da ociosidade.

Temos muitos exemplos de homens e mulheres que tentaram e fracassaram, reiniciaram e conquistaram o sucesso.

Use o fracasso, para corrigir os erros, e não capitule, vá em frente!

CAPÍTULO 36

FALAR AO PÚBLICO

Não tenha medo, lembre-se quantos atletas você enfrentou para estar aqui.

Comece falando com duas pessoas, note, duas pessoas já começam a formar o seu público, e depois passe para três, estamos falando de atitudes e fatos corriqueiros do seu cotidiano.

Até que você chegue a falar com duzentas, como se fossem apenas uma.

Então você terá perdido o medo de falar em público.

Mesmo porque, você estará falando à pessoas tão mortais quanto a você!

CAPÍTULO 37

IMPORTÂNCIA

Este capítulo é de suma importância, veja você, que este assunto é muito sério!

Para você vencer, terá de se desvencilhar dos sentimentos mesquinhos, você se julga tão importante a ponto de se implicar com o que as outras pessoas possam estar pensando de você...

Lembre-se, você é vencedor entre outros vence-dores, portanto, não é mais nem menos que ninguém, porém, terá que radicalizar este assunto dentro de você: Jamais, mas, jamais mesmo... se importe com o que o seu pai, seu filho, seu vizinho, seu irmão de religião, e sabemos mais quem, pensem de você! Contanto que, você esteja dentro da honestidade, da qual já lhe falamos em capítulo anterior.

CAPÍTULO 38

HUMILDADE

Jamais confunda a humildade com a humilhação, não faça essa confusão.

Você pode até traçar parâmetros com a simpatia.

Sem nenhuma afirmação radical, mas a tendência do simpático é ser humilde.

Você não conhece direito o seu produto, então ratificamos: seja humilde a ponto de pedir ajuda ao seu próprio prospecto, ele irá adorar ensiná-lo, seu ego será satisfeito, e se você souber conduzir a situação, sem confundir os dois verbetes acima, então você conquistou uma grande amizade.

E a venda mais perfeita que pode existir é aquela conquistada através da amizade sincera, o resto é balela.

CAPÍTULO 39

ELEMENTO CATALISADOR

Você é o elemento catalisador de amizades!

Intrigas, Ah... Essas... estão longe de suas aspi-rações, você somente agrega e jamais desagrega, por isto você vende, e se vende... você é o próprio sucesso, então você lidera.

Lembre-se, quem lidera não vende, faz com que o outro compre!

Aliás, na rede de "marketing" você é o maior vendedor de idéias concitadoras ao sucesso do seu próximo.

Ou seja: você deseja ardentemente o sucesso do seu irmão.

Então você faz jus a esta alcunha: Elemento Catalisador de Amizades!

CAPÍTULO 40

ORGANIZANDO A SUA REDE

Organize uma lista com quantos nomes você puder, classificando-os em ordem numérica, ou seja: numerando os nomes de um a n...

Digamos que você classificou cem pessoas, incluindo seus parentes, seus amigos de infância, seu médico, seu advogado, seu dentista etc...

Agora escolha a dedo aquele que você julgue com mais potencial, porém, não relegue ninguém dessa sua lista, pois, poderá ser surpreendido, todos temos capacidades latentes...

Então... escolha cinco elementos, que serão cata-lisadores em potencial, para líderes da sua rede, e dê a eles uma atenção primordial, sendo que, eles serão suas pilastras embasadoras do seu sucesso e da sua rede.

Quando a sua rede estiver formada e fundamentada nestes cinco elementos, então pesquise para ver as bases mais enfraquecidas e faça uma caridade para você mesmo, ajude-as.

CAPÍTULO 41

ANALISANDO OS LÍDERES

Existem aspectos marcantes na pessoa do líder, como a sua maneira de se vestir, de falar, de sentar, de se postar diante das pessoas, todos aqueles atributos que você já sabe, e que lhe foi dito anteriormente.

Você pode conseguir líder quase pronto, pois, se o seu trabalho for congênere à rede, então este elemento é bastante conhecido, portanto, agregador de outros elementos também líderes e, aí vai formando aquela progressão geométrica, redundantemente galopante, que o elevará ao cume do sucesso!

CAPÍTULO 42

A VEIA - "NETWORK"

A rede de "marketing" é uma veia importantíssima do mercado, no seu interior, corre o líquido vital do comércio com seus elementos catalisadores: os glóbulos vermelhos e brancos, com outros elementos químicos, que formam a venda em rede...

Aqui tratamos de vida, pois, somente um sistema que distribui renda poderá sanar a saúde dos homens nestes nossos dias, tendo que, já falamos, a robótica tomará o seu lugar em quase todos os setores da atividade humana.

CAPÍTULO 43

OBJETIVANDO COM SUTILEZA

Dando o exemplo em sua organização de metas, e sutilmente doutrinando os líderes da sua rede, você alcançará mais rapidamente os seus objetivos.

Quem procura uma rede de vendas, está incons-cientemente procurando a tão decantada liberdade de se trabalhar em casa, livre dos comandos dos chefes etc...

Então, você não deverá estragar os sonhos dos seus líderes, apenas alertá-los sutilmente, colocando a sua situação como exemplo de organização de metas, dizendo: - Este mês estive me organizando e colocando a minha agenda em dia, pois, de outra maneira tornar-me-ia muito difícil vencer meus compromissos, bem... graças a Deus tudo está se encaminhando... etc...

Esta organização sutil deverá ser conscientizada na cabeça de cada um, mas, se colocarmos muitos itens para serem seguidos, seremos chatos e cansativos.

CAPÍTULO 44

O SUCESSO INTEGRAL

Aqui iniciou-se realmente a odisséia de Carlos e Bete.

Acreditaram no amor ao trabalho de rede, e da sua boa distribuição de rendas, e estão muito bem posicionados na vida.

Moram numa paradisíaca praia, numa bela casa e possuem dois belos carros importados.

Fazem palestras em vários pontos do país, fator que eles sempre classificam de turismo.

Férias remuneradas.

Seus filhos também engrossaram a sua rede, e no sentido literal da palavra: haja redes para tanto descanso depois de uma luta referta de vitórias.

CONCLUSÕES

O planeta Terra caminha para uma socialização velada, posto que a mente humana é de grande inteligência criativa.

Podemos ver nos dias atuais o banditismo informal, tomando o poder, dentro das favelas, lugares onde jamais se vislumbrava algum avanço tecnológico, porém, menosprezaram o poder diabólico das drogas, e a inteligência do ser humano que habita o local.

Vamos deixar bem claro aqui que, nas favelas existem ótimas pessoas, honestas e trabalhadoras, mas, não podemos deixar de enxergar que o tráfico faz uso de suas fragilidades humanas.

Infelizmente, se nos parece que, os traficantes são quase imunizados da lei, dessa lei tacanha, e medíocre, portanto, chegará o momento em que será mais viável aos poderosos distribuírem suas rendas, ou simplesmente morrerem, sofrendo seqüestros atrozes pelas mãos de bandidos desprovidos de sentimentos nobres, já que essa droga sintética e de má qualidade do ponto de vista à saúde psicossomática do seu usuário, fará com que filhos matem pai e mãe, pela destruição mental causada pelos seus vícios, e a loucura será avassaladora.

Infelizmente as drogas funcionam em rede também, a curriola é grande envovendo gente de todos os tipos e classes sociais.

Tecemos alguns parâmetros de um movimento honesto, de multinível a outro da mais espúria deso-nestidade.

Então se prepare para ser um homem, uma mulher de vendas de multinível do bem, onde poderá vender seus produtos e, a sua boa imagem, que poderá elevar o ânimo do seu contato, que está precisando muito de suas boas palavras...

Sempre estaremos repetindo as palavras sábias e cristãs sobre a confiança em si mesmo, creia e, tudo será possível para você, e jamais desanime quando ouvir um não, muito pelo contrário, tome este verbete como um desafio à sua capacidade de vencer nos seus negócios.

Boas vendas, com muita paz no seu coração!

Capítulo Especial

Sua língua - seu sucesso

Comunicação & Sucesso

A nova lei ortográfica do nosso bom português foi sancio-nada, portanto, em breve teremos modificações con-sideráveis na nossa língua, nada que não seja resolvido pela boa vontade. Isto serve para nos chamar atenção quanto ao nosso interesse ao importante ato de estudarmos com mais desvelo a nossa comunicação, pelo nosso glorioso idioma.

Vamos rivalizar, quando alguém se aproxima da gente, bem ataviado da cabeça aos pés, causando-nos certa empatia, mas quando abre a boca despejando verdadeira enxurrada de besteira, com o português gritante a nos ferir o tímpano, perde o seu encantamento e o fator simpático para gerar negócios de sucesso pode ser maculado. Da mesma forma quando se apresenta alguém muito belo ou bela em seus dotes físicos, porém, quando abre a boca é uma tristeza. Seu palavreado não combina com a sua formosura, ele é chulo, e acaba por nos incomodar, tal qual um pastor, padre, ou pregador religioso que desandasse a falar um linguajar sujo em cima do púlpito sagrado de suas pregações. Isto chocaria seus fiéis.

Vamos falar sobre o sucesso expresso pela fala, a bem da verdade, desde os primórdios quando do aparecimento histórico do ser humano sobre a face da Terra até aos dias atuais, a única maneira de se obter o verdadeiro sucesso é através da comunicação oral, e isto é fato e, "contra fato não há argumento". Notamos que o som é peculiar aos animais selvagens ou domésticos, e temos a plena convicção de que é com ele que se dá a comunicação entre os seres terrestres. Haja vista, quando nasce uma criança, começam-se os bilus, bilus, e outros sons onomatopaicos no afã de se obter resposta através dos sons vocais, que logo se transformarão em longas conversações.

O resto é acessório importante, jamais vamos desprezar os ensinamentos e a tecnologia de ponta, o "marketing" e outros detalhes da comunicação.

Vejamos o comunicador de televisão, ora, ora, não basta apenas a sua bela imagem, a sua indumentária, seu belo terno e gravata, o palco iluminado, enfim, nada disso teria o menor sentido se não fora a sua maneira carismática de usar o idioma popular, e erudito na sua comunicação, atingindo todo o globo terrestre. Bem, sejamos razoáveis, quando não havia o cinema falado, se fazia mímica em branco e preto com uma comunicação pobre, posto que, faltava a voz humana, aquela que transmite sentimentos, e o ser humano vive através dos seus sentimentos. A fala é o alimento da alma, pode crer!

Um cantor, que usa a sua voz para transmitir sentimentos poéticos, se destaca ao longe da maviosa orquestra que o acompanha, com certeza o seu cachê é bem maior que a dos músicos que prestam relevante serviço em prol da sua voz não menos canora que, os instrumentos de seus acom-panhantes.

Então, chegamos à lógica conclusão: sem a comunicação verbal, não há sucesso. Desejamos através de nossas es-critas ajudá-lo a melhorar o seu vernáculo, pois, ao se falar corretamente com riqueza oral, e com conhecimento do que se está expondo, você, com a mais absoluta certeza será uma pessoa notada e notável. Portanto, será respeitado em qual-quer lugar em que se encontrar.

Não precisa ficar impressionado, nosso propósito não é ensinar o idioma português, apenas queremos que você fique atento aos verbetes, ou às palavras que ouve, e saiba os seus significados. E quanto a falar difícil, somente quando se fizer necessário, e se você estiver apto, dependendo do seu contato. Jamais chute, a emenda com certeza será bem pior do que o soneto. Aliás, nada é difícil, eis mais uma maneira de se acovardar diante da erudição da linguagem. Quando alguém é afetado pela preguiça de aprender, diz: que é falar difícil.

Grandes oradores e escritores

Grande parte de nosso conhecimento advém da escrita, nossos professores se prepararam lendo e obtendo conhe-cimentos através da palavra escrita e falada.

Temos uma cartilha universal chamada: Bíblia, ela existe há milênios e, tem influenciado a humanidade, tal a quantidade de igrejas aglutinando seres humanos através da palavra de consolo e alento ao ser contristado, aquele de coração quebrantado pela luta do dia-a-dia.

Bem, a fala é mágica, ela convence, hipnotiza, influencia sobremaneira o ser humano. A oração pode ser benéfica ou maléfica. Os grandes ditadores deste planeta possuíram as duas qualidades, e mudaram o mundo no sentido literal da palavra.

Podemos rivalizar o santo chamado Cristo, com o diabólico chamado Hitler, ambos persuadiram e mudaram o rumo do mundo no qual vivemos. E não sejamos cegos ou hipócritas ao negarmos esta verdade.

Depois dessas existências o mundo jamais foi o mesmo. É o negativo par e par com o positivo. Não estamos aqui para fazer apologia a nenhuma facção filosófica, apenas mostrando o óbvio, a verdade "verdadeira" que rege o nosso planeta e a nossa vida. Apenas entendemos que o poder da palavra é desmesurado, então vamos destrinchar o verbo mostrando que a língua deve ser usada por aquele que almeja o sucesso.

Destrinchar pode ser também destrinçar, ou esmiuçar, quiçá explicar um assunto. Bem, citamos este verbo, até para demonstrar a sua funcionalidade e sinonímia para enriquecer o seu vernáculo.

E o fato de falar com erudição, faz de você duas coisas importantes: pedante, ou admirado, daí a arte de falar na hora certa à pessoa certa.

Vejamos o grande Rui Barbosa, "O Águia de Haia", há quem diga que ele não foi um grande orador, porém, foi um grande escritor, um poliglota que se comunicava em várias línguas. Na arte oratória a entonação da voz faz a diferença, estamos falando de mais um artifício da língua. O presidente Jânio Quadros tinha uma particular característica ao discur-sar, era extremamente carismático e diferente ao se comunicar com o público. Às vezes extrapolando na sua erudição, quando respondia com sarcasmo o interrogatório jornalístico: "Fi-lo porque qui-lo". E como era chegado num etílico, certa vez interrogado por que bebia, respondeu: "bebo porque é líquido, pois, se fosse sólido comê-lo-ía". Podemos afirmar: ninguém, absolutamente ninguém galgou algum cargo de expressividade sem usar a comunicação verbal. Tivemos o "Chacrinha", Abelardo Barbosa, grande comunicador da era moderna, foi um esdrúxulo apresentador, que fugia à normalidade acadêmica, por assim dizer, porém, tinha de verbalizar a sua comunicação, por mais estapafúrdia que se parecesse.

Podemos citar um homem, que deixou sua marca comuni-cativa, Francisco Cândido Xavier, escreveu centenas de livros, ficou conhecido e reconhecido dos eruditos e dos menos aculturados seres deste plano. No entanto, sua singeleza era de espantar qualquer um, mas sua verve co-municativa era de grande eloqüência e sabedoria, além do vernáculo apurado. O que desmistifica o "falar difícil", haja vista sua exegese, seu vocabulário esplendoroso para quem não teve nenhum estudo acadêmico. O grande Chico Xavier, também tinha um poder incrível de persuasão, e ninguém pode negar. Chico teve como ensino básico apenas as primeiras letras, desenvolvido posteriormente durante sua sofrida vida benfazeja.

Estamos querendo mostrar-lhe o caminho das pedras. Portanto, citamos exemplos incontestáveis de seres ilumi-nados e ilustres, que assim o foram pelas suas falas.

A classe política nada seria se fosse muda, não haveria como chamar a atenção dos leitores, embora, muitos caiam na desgraça da oração malévola como já aventamos ante-riormente.

O que estamos querendo dizer é: seria muito mais difícil a comunicação sem a fala, o mudo pode até escrever, o que favorece muito a sua deficiência, mas seríamos hipócritas se afirmássemos que, a fala não tem sua enorme virtude.

Na verdade ensejamos enriquecer o seu vernáculo para que ele o ajude enriquecer com o seu profissionalismo em qualquer segmento. E para tanto temos de escrever com certa erudição, porém, de forma alegre e prazerosa, para não nos tornarmos maçantes. Então mãos à obra.

Vou enfatizar um acontecimento que a mim me fez usar sobremaneira o vernáculo, bem, antes de falar de minha pessoa, quero me desculpar se me fizer parecer jocoso e chato. Quero deixar claro que já ultrapassei a maioridade de ser cabotino, posto que esteja beirando os estertores da morte, com a maior naturalidade, pois, também aprendi que, terei de ir para ceder lugar aos que virão. Resumindo: sou sexagenário.

Movi uma ação contra uma empresa multinacional, dessas que nos fornecem algum tipo de energia, posto que não tenha como extirpá-las de nossas vidas. Bem, contestava o valor cobrado pelos seus serviços e, não tendo como mensurar através de algum medidor eletromecânico fui à via de fatos.

Na respectiva audiência, a ré havia nomeado dois advo-gados para defendê-la de um simples mortal, que se apre-sentava em sua primeira audiência e, que recebia como defensor um advogado pego à laço, ali no momento do litígio.

A juíza, logo foi me interrogando, após longa conversa com um dos causídicos o qual fora seu colega de faculdade numa cidade praiana.

Então foi me argüindo: senhor João, a sua reclamação não tem nenhum cunho legal, contra esta empresa.

- O senhor já pensou sobre isso?

- Com todo o respeito meritíssima, para mim, o direito se resume em bom-senso.

Realmente estava constatando que, naquele momento tinha a primazia de conversar com a pletora senhora, que parecia querer abafar minha fala, puxando a sardinha para o lado poderoso e multinacional de seu colega de faculdade, o qual defendia a ré. O meu advogado emudecera tal o seu comodismo, quiçá, no afã de agradar seus colegas forenses. Quando repentinamente a juíza me pergunta:

- Qual a sua profissão seu João?

Respondo:

- Latoeiro, excelência!

O senhor pode se explicar melhor...

- Sim, trabalho com latas.

- Será que entendi, o senhor junta latinhas de cerveja para vender?

- Meritíssima, na realidade trabalho com calhas de folhas de flandres, em outras palavras sou flandeiro.

Bem, resumindo, pude ver que aquela majestática criatura, não possuía alguns recursos da língua para entender a minha modesta profissão. E concluiu: vejo nos autos processuais que, o senhor se diz escritor...

- Sim, excelência, não somente escritor, como latoeiro, posto que, uma coisa não interfere com a outra.

A juíza gostou de me fazer perguntas, as quais eu respon-dia naturalmente, porém, com palavras capciosas. Agia de propósito para me fazer valer como gente perante as autoridades.

Notando que o meu pseudo defensor nada dizia para me defender, pedi "data vênia" à sua excelência, que acabou me concedendo praticar minha autodefesa.

Num dado momento a juíza me pergunta se eu notara algo de esdrúxulo nas instalações da minha casa, referindo-se ao processo em pauta, e respondi respeitosamente, porém, determinando minha posição de erudito, essa foi uma questão "sine qua non" para poder me fazer respeitado.

Vou abrir um pequeno parágrafo para me fundamentar melhor na transmissão dessa experiência jurídica: Note caro leitor, somente a palavra bem colocada tem o poder de elevá-lo ao sucesso do respeito neste mundo de seres ensimesmados.

Continuei a respondê-la: Doutora, não somente esdrúxula, como hilária e estapafúrdia, posto que nada consta que possa desaboná-la ou fundamentá-la, porém, noto que no automóvel de vossa excelência existe um medidor de velocidade chamado: hodômetro, e para medir a vossa febre existe outro, chamado termômetro, enfim relógios medidores tais quais: gasômetro, hidrômetro e por aí vai. No entanto, não temos pulsímetro, ou pulsômetro para a respectiva medição em evidência.

Agora, ela olha ao advogado de defesa e lhe dirige a palavra: Dr. Cândido, no caso de se fazer essa medição como é possível aferi-la?

Responde-lha, seu colega:

- Pautamos pela profilaxia, meritíssima.

Mais que ligeiro, entrei de chofre com a minha contra-argumentação:

- Nada pessoal doutor Cândido, porém, sua profilaxia é plenamente inócua, não passando de simples placebo.

Aproveitando a oportunidade, excelência, peço a inversão do ônus da prova...

Aquela tirada inesperada deixou o advogado desconcer-tado, e sem muito argumento, ao ouvir da pletora: Aceito a inversão do ônus da prova. Ainda assim, disse: Excelência, isto que está ocorrendo é fato inédito, nunca, advogado nenhum pediu-nos a inversão do ônus... Pelo que estou esperando, serei dispensado do meu trabalho.

Emendou:

- Como pode o autor estar contra-argumentando a todo o instante?

A juíza respondeu-lhe: Sinto muito, doutor, estou fazendo valer a lei e o direito do autor do processo e, quanto à contra-argumentação, quem decide sou eu, já que o seu defensor não se manifesta.

Lembro-me ainda que aquela juíza fora meio arrogante ao se dirigir a mim, quando interrogado pelo advogado de defesa da ré, pois, me dirigia a ele, foi contundente, di-zendo-me a responder olhando a ela. Desculpei-me expli-cando que era a minha primeira audiência e, como laico agia àquela maneira. Mas fiquei esperto, posto que, já tendo meus cabelos encanecidos pelos longos anos de vida, isto nada se parecia me dar apoio, a não a arte oratória, e me esmerei na argumentação daquele momento.

Surgiu uma pergunta sobre uma pauta daquele processo, e respondi que se encontrava no espicilégio. Então a juíza teve de se dobrar ante àquele verbete, e me pediu, por favor, a sua tradução, com a qual declinei reciprocamente: - Pois não, excelência: Espicilégio equivale dizer coleção de documentos. Em seguida me argüiu, insinuando estar sendo concitado pelo defensor, ou algo assim que não me lembro com exatidão, e resposta foi mordaz:

- Com todo o respeito excelência, não sou proteu!

Aí, aquela jocosa criatura um tanto irritadiça, pelo vocábulo o qual estava usando, me retorquiu com certa veemência:

- Senhor João, o senhor não poderia ser mais claro no seu vernáculo?

A minha resposta foi um tanto inesperada, pois, havia me preparado com certo cuidado e estudado alguns termos forenses para aquela audiência. Então lha repliquei:

- Bem excelência, sou um pobre autor que está praticando o direito natural, posto que peque em não conhecer inteiramente a nossa Carta Magna, já que por ela mesma não posso ignorá-la, conquanto, sou a "vox clamatis in deserto" (vós que clama no deserto) com o perdão de São João Batista pela usurpação de sua honorável posição de santidade, já que nesta terra ninguém teve a sua santidade. Ratifico que, meus parcos conhecimentos não sendo acadêmicos, então: "io non so littere" (eu não sou letrado), partindo do pressuposto que, não sou possuidor de diplomas, ou títulos acadêmicos. Com minhas escusas, como sentiria vossa excelência ocupando a minha humilde posição, aqui nesta tertúlia?

Como bom ser humano em sua vaidosa autoridade, e não querendo deixar barato, deu a resposta:

- Deixo claro que, aqui quem faz perguntas sou eu!

Fiz-me de humildade, e ficando em paz até porque seria ignorância de minha parte peitá-la, mas ela continuou com a sua fala, agora querendo amenizar o seu próprio ânimo.

É louvável sua erudição, seu João, congratulações, porém, isto tudo não muda o rumo do processo, declarando de antemão que este juizado de pequenas causas não tem competência legal para julgar este processo, devendo o senhor ir à procura de seus direitos à Casa dos Advogados. Etc.

Logo após a audiência, alguns dos participantes vieram me assediar com relação ao meu vocábulo, tecendo alguns elogios.

Aqui descrevo um insignificante relato de minha vida particular no desejo de ilustrar o poder da palavra. Com isso quero induzi-lo a ler e praticar a fala, a comunicação verbal, para que seja respeitado e alcance o sucesso na vida.

Não basta decorar, e sim ter consciência do significado de cada palavra e sua colocação. Um bom repentista coloca suas palavras na ordem e na rima de seus poemas cantados.

Apenas os poetas ousam cometer seus deslizes orto-gráficos com intenção de melhorar a divina comunicação dos deuses do sentimento sublime, a poesia.

Poemas para enriquecer o idioma

O autor amanheceu inspirado para escrever um poema, logo no primeiro dia do ano de 2.008.

Nosso legado

01/01/08

Aqui, sentado do outro lado de um mundo imundo, pensando na frase poética do artesão das palavras, que disse: "En-quanto a juventude é uva, a vida, passa"... Então, surgiram-me outras frases: Buquê de rosas vermelhas, qual a existência logo centelha, dando quase o mesmo sentido à vida que se entrelaça amarelo, num matiz de rosa singelo. São oximoros para arejar o nosso pesar mental, que, com o tempo vai somatizando o calejamento na lide da estrada vívida e vivida, preconizando nossas missões. Ou você está deduzindo que, apareceu aqui apenas para brilhar como as estrelas no firmamento, pois, sinto muito, lamento, elas também fenecem na eternidade obscura do seu brilhantismo. Não querendo ser ateu; estão as estrelas e os homens perdidos nas coloridas noites de Deus. - Ah... Não têm noites coloridas... - Depende do foguetório que os deuses fizerem na Terra. Assunto que jamais se encerra. Fato corriqueiro que se dá na virada de ano, pegando mais um gancho no as-sunto, momento de se fazer plano. Aqui mora o sucesso, con-quanto, coloque-se a ação ao funcionamento do ato, na realização de seu sonho, tornando-o verdadeiro fato. E, se a ação de funcionar ato soa cacofônico, e pleonástico, nada importa à pessoa que se faz biônica, ou lunática. E fato, é fato, ponto. Ação amigo, não seja simples fraco. Olhe à frente e enfrente o seu ego, vislumbre as iguarias sobre finíssimos pratos.

O impacto faz pacto com a realidade virtual, com pen-samentos avulsos emaranhando mentes incautas. No afã de que a evolução aconteça, atingindo tingidas cabeças, tra-zendo melhoramentos aos seus próximos eventos. Há poetas e pensadores que, deixando de ser escritores abominam o gerúndio, ora, essa é eficaz ferramenta do pronunciamento da língua, quem não gostar que o cuspa fora, mas por não me chegar a hora, continuo engolindo-o, e, até achando-o lindo. Mudei um pouco de rumo, para ver se a você me aprumo, ex-pondo meu conhecimento de convencimento da prosa, e para não ser muito cansativo, fui buscar flores no Lácio, inserindo prosa à língua, tornando-me estrelo do ego profundo, tendo na inconsciência que haverei de matá-lo, extirpando-o do meu ser pequeno, somente assim, poderei chegar a um melhor renascer, referto de vastíssimo halo. Caro amigo, não posso acusá-lo, pois, ao fazê-lo serei inferior a você, porém, posso alentá-lo no elã do bem-querer.

Nos temporais da empoeirada existência da vida, o ser torna-se eterno, em sua forca de seda, sobre pisantes mo-dernos, emaranhado em amarelado terno, com seu anel de bravata. Embora, sua sede não seque, vai correndo atrás do vento, ensacando fumaça ecológica, sem ver a bizarra lógica. Até que chegue o inverno. E o colorido vai se firmando no seu firmamento interno. Ou, vai-se esmaecendo conforme se queira ver. Na arte da existência, na arte de bem-viver, não existe tanta clemência, apenas ambivalência na ciência de se crescer, com tempero de padecer. É bom que aqui se diga, apesar de tantas fadigas, somente no colorido do amor, a vida e morte se faz vencer. No alvorecer da existência, Já podemos ver a vida esvaída, muito próxima de esmaecer. Simples flor, que murcha na esperança de nova vida, à espera de mais uma criança nascer.

A nossa portentosa existência pode ser mui singela, sim-ples e decadente, dependendo de como é vista. A vida é bela ao belo, àquele ou àquela que pense bonito, que a enxergue em cores, levando-a na alegria e calma, deixando de lado os berros, embora, sendo do estilo, na mente prevalecem muitos grilos e infinitos gritos, que quebram fortíssimos elos, vendo-a em preto e esquálido amarelo.

Assim sejam nossos atos, equilibrados sobre o trilho do amor, para alcançarmos o bem maior, a paz.

Isto é sucesso!

FORÇA

"FORÇA",

VÉIO MANO,

A NOSSA VIDA,

POR MAIS DOÍDA,

NÃO ESTÁ PERDIDA,

POIS, SERÁ REDIMIDA

PARA O PRÓXIMO PLANO.

Dores D'alma

O poder imensurável de nossa mente.

A vida é o simples ato de pensar. Quando se deixa de pensar, deixa-se de senti-la em sua plenitude. Porém, nem sempre pensamos sobre esta óbvia verdade. O pensamento tem duas facetas, uma crudelíssima, e outra boníssima. Às vezes, uma nos aborrece, e outra, nos alegra. Então temos dois tipos de energias a serem compreendidas dentro de nós. Uma amiga e outra inimiga. Mas não nos esqueçamos de um detalhe de suma importância: nós criamos o nosso pensamento, portanto, criamos nossos amigos e nossos inimigos.

Daí, você ser o que pensa.

Às vezes, ele nos acusa do que fizemos, e às vezes, do que deixamos de fazer.

Bem, amigo-irmão, agora já sabemos a causa das dores de nossas almas, e se a conhecemos, podemos eliminar as dores de nossas vidas.

Neste particular, não se deixe levar pelo pensamento ignorante, aquele que quer vê-lo sofrer. Execre-o já.

O leite foi derramado, no entanto, não se culpe mais.

Agora, se você quer cumprir o grande mandamento de amar o seu irmão como a você mesmo, preste bem atenção: aqui manda a lei da experiência e da sabedoria, jamais poderá amar alguma outra coisa se não souber amar a si próprio.

Quem ama perdoa então se perdoe para depois per-doar.

Não se esqueça você é a extensão do seu irmão.

O resgate cármico é inexorável.

Se plantar trigo, colherá trigo, e jamais, mamão.

O que você plantou, foi a cultura do seu pensamento, mal, ou bem pensado.

Não importa se o seu problema é o seu filho, seu melhor amigo, seu superior, seu inimigo, agora você já sabe se amar, portanto, já pratica o auto perdão.

Porém, se sabe realmente pensar, não necessita perdoar, pois se a ofensa não existe não se necessita do perdão.

Então tornou-se tudo mais simples, e suas dores d'alma se vão com suas doenças somatizadas.

A grande arte de viver está na ciência de saber pen-sar.

Não se aborreça, pense bem, e seja feliz!

Nestes poemas, fica claro que, devemos cuidar do pronunciamento com sentimento, e o sentido da palavra bem escrita e falada. Às vezes no coloquial, porém, com senso, que não agrida nossas mentes.

www.ingramcontent.com/pod-product-compliance
Lightning Source LLC
Chambersburg PA
CBHW071822200526
45169CB00018B/705